NOTICE

SUR

LA VIE ET LES ŒUVRES

DE CH. SIMART.

NOTICE

SUR

LA VIE ET LES ŒUVRES

DE CH. SIMART,

Membre de l'Institut (Académie des Beaux-Arts),

PAR

M. CH. LÉVÊQUE,

CHARGÉ DU COURS DE PHILOSOPHIE AU COLLÉGE DE FRANCE.

PARIS,

LIBRAIRIE D'AUGUSTE DURAND,

Rue des Grès, nº 5.

—

1857

NOTICE

SUR

LA VIE ET LES ŒUVRES

DE CH. SIMART.

A une époque où les œuvres de l'art sérieux sont généralement peu comprises par une grande partie du public, c'est une perte que la mort d'un sculpteur qui s'était donné pour tâche de continuer les plus saines traditions. La perte est plus grande encore s'il est enlevé, non au terme, mais au milieu même de sa carrière. Simart a péri de la mort la plus imprévue, dans toute la force de l'âge et au moment où son talent, en pleine maturité, portait ses fruits les meilleurs. Bien au-dessus de sa réputation, qu'il ne prenait aucun soin d'étendre, jusqu'à sa dernière heure il n'a aimé, il n'a cherché que le beau. Admirateur passionné de l'antique, je ne sais si, dans notre siècle, personne ne l'a jamais mieux compris que lui. Doué d'une facilité innée, connue de ceux-là seuls qui l'ont vu travailler, mais éclairé par la science et contenu par son goût sévère, il n'a jamais laissé sa verve se dépenser en productions frivoles. Sa popularité en est moindre, il est vrai, mais la sculpture n'est jamais impunément très-populaire de nos jours ; et s'il n'a pas acquis cette notoriété qu'il n'aurait achetée qu'au prix de la dignité de son art, il n'en a que plus de droits à cette estime sérieuse et à ces éloges par lesquels ses rivaux, aussi bien que ses amis et ses maîtres, le placent haut, à cette heure de la justice et de la vérité, venue trop tôt pour lui.

Comme tous les vrais artistes, Simart manifesta de très-bonne heure sa vocation. Né à Troyes, le 27 juin 1807, d'un père qui était menuisier, et, destiné à exercer la profession paternelle, il fut envoyé très-jeune dans l'école de sa ville natale pour y suivre un cours de dessin linéaire et géométrique ; mais, cédant à son penchant déjà très-vif pour les choses d'art, il préférait aux travaux graphiques le dessin des ornements et de la figure humaine. A quinze ans, n'ayant d'autre atelier que celui de son père, d'autres outils que les fermoirs et les ciseaux du menuisier, il sculptait en pierre une copie du buste de la Niobé antique. Ces signes évidents d'un talent aussi réel que précoce le désignèrent à l'attention des personnes influentes de la ville de Troyes et notamment à celle de M. de Montabert, bien connu par son traité sur la peinture chez les anciens, et il fut envoyé à Paris où une petite pension lui fut assurée.

Le hasard le conduisit d'abord chez M. Desbœufs, sculpteur, où il ne travailla que quelques mois. Il fut admis ensuite dans l'atelier de Dupaty. Quoique celui-ci fut encore plus homme du monde et esprit cultivé qu'artiste profond, il sut deviner Simart et 'aida à se frayer sa voie. Touché des privations et des souffrances auxquelles d'insuffisantes ressources condamnaient son jeune élève, il lui procura quelques commandes et entre autres celles d'un buste du roi Charles X qui fut sculpté en 1826. Simart avait alors vingt ans. Dès cette époque il travaillait le marbre avec cette rare habileté qui lui a toujours permis de ne laisser au praticien qu'une faible part dans l'exécution de ses œuvres et d'achever lui-même avec le ciseau ce qu'il avait modelé avec le pouce et l'ébauchoir. Après la mort de Dupaty, il demeura seul et sans maître dans l'atelier de Jean Duseigneur, l'un de ses amis ; puis il entra chez Pradier ; et, bientôt, s'étant lié d'amitié avec les frères Hippolyte et Paul Flandrin, il fut par eux présenté à l'école de M. Ingres qui, après Phidias, a le plus puissamment contribué à diriger et à développer son talent.

En 1831, il exposa au Salon une figure en plâtre de Coronis. La même année, il partit avec Pradier pour Genève, d'où le maître et l'élève allèrent ensemble faire à Rome un pèlerinage artistique. De retour à Paris, Simart songea sérieusement à concourir pour le grand prix ; il le mérita, en 1833, par son bas-relief *Du Vieillard et ses Enfants.*

Revenu à Rome et s'y trouvant cette fois dans les conditions heureuses (quelques-uns disent trop heureuses), qui sont faites par la France à nos jeunes lauréats, il mit à profit, par un travail assidu la situation que son travail lui avait conquise. Rome est, sans doute et avant tout, pour le sculpteur, un admirable musée d'antiques ; mais, s'il est observateur, s'il a vraiment des yeux d'artiste, il doit y voir autre chose que les marbres et les bronzes grecs. Les haillons que les paysans de la campagne romaine jettent sur leurs épaules ont souvent une richesse et une ampleur de plis qui en font de véritables draperies. Ces bergers, ces *Pifferari* déguenillés, assis ou étendus sur les marches de la Trinité-des-Monts, ont naturellement des poses calmes, des attitudes nobles, telles que les aime la statuaire. J'ai vu près du temple de Vesta, comme sur la plage de Naples, des enfants presque nus, aux membres librement développés, aux mouvements hardis, variés et naturels. Ces modèles vivants, bien plus vivants que ceux que l'on pose sur la table d'atelier, parce que tout en eux est spontané et sincère, veulent être étudiés au passage, et comme saisis au vol d'un prompt coup d'œil. Simart se fit une loi de contempler avec une égale attention les chefs-d'œuvre antiques, le modèle d'atelier et le modèle de hasard qu'il rencontrait dans la rue ou qui jouait sous ses fenêtres. On en a la preuve dans ses envois de Rome. Son *Lanceur de disque*, dont le modèle en plâtre, exécuté avec beaucoup de verve, est encore dans un coin de son atelier, atteste une science rigoureuse de la nature et un intime commerce avec les bronzes antiques. Son *Oreste* épuisé par le remords et la fatigue auprès de l'autel de Minerve, n'est point une froide imitation de l'antique. C'est bien Oreste tel que Eschyle nous le montre, au commencement de la tragédie des *Euménides*, beau, jeune et touchant, malgré son crime. Cette figure, achetée par le Gouvernement pour le Musée de Rouen, est restée dans le souvenir des artistes et des critiques comme une œuvre où sont résumées les conditions principales de la statuaire.

Ces deux essais caractérisent le talent de Simart tel qu'il devait être jusqu'à la fin. La parfaite originalité est chose rare dans tous les arts. Mais c'est surtout de nos sculpteurs contemporains qu'il serait profondément injuste d'exiger une séve, une nouveauté de conception qui ne sont plus possibles. Sans doute, la sculpture aujourd'hui, comme au temps de Phidias, a pour objet d'exprimer l'âme au moyen de la forme corporelle, et l'âme est un sujet inépuisable. Mais qu'on ne l'oublie pas : la sculpture est tenue de donner au corps toute sa beauté, sous peine de blesser nos regards par le spectacle insupportable de la laideur à trois dimensions. Or, cette exquise beauté du corps, que l'âme doit vivifier sans l'altérer jamais, elle est trouvée. Les Grecs en ont fixé les types les plus divers. Nous la suivons à tous ses degrés, depuis l'enfance de cet incomparable *Tireur d'épine* jusqu'à la verte et souple vieillesse du *Silène* qui sourit à Bacchus. Faire mieux, faire seulement aussi bien que les Grecs, nul n'y prétendra, s'il a gardé son bon sens. Michel-Ange lui-même ne l'a pu. D'autre part, revêtir de la beauté plastique, où doit éclater une pleine vitalité, les figures consacrées du catholicisme, dans lesquelles le corps ne doit paraître que comme vaincu, brisé même par l'esprit, ce serait un contre-sens. La sculpture chrétienne est donc obligée de sacrifier jusqu'à un certain point la forme à l'expression. Veut-on essayer d'être neuf en modelant la figure de quelque illustre personnage des temps modernes? Mais, alors, ou bien on le représente vêtu d'un costume actuel ou récent, sous lequel la forme disparaît, ou bien on le fait nu, ou drapé, selon les convenances historiques ; et, dans ce cas, on est sûr de ne pas atteindre la perfection de l'antique. Ainsi, de nos jours, et l'on peut le dire désormais, la sculpture est placée dans cette alternative : ou de se faire tout à fait moderne à son détriment certain, ou de marcher dans la voie suivie par les maîtres grecs, sans aucun espoir d'aller ni plus loin qu'eux, ni même aussi loin.

De ces deux partis, le dernier est, à ce qu'il semble, le meilleur ; car c'est lorsqu'ils l'ont pris que les artistes éminents de notre siècle ont produit leurs œuvres les plus remarquables. Ils ont réussi, ils se sont surpassés eux-mêmes toutes les fois qu'ils ont adopté franchement la forme humaine nue ou drapée à la façon antique, se bornant à la modifier tout juste autant qu'il est nécessaire, soit pour la varier, soit pour l'accommoder un peu à nos manières de voir ou de sentir, soit pour traduire des idées, des états psychologiques, que les Grecs ne connurent pas. La *Madeleine* de Canova, chrétienne par l'expression de la douleur pénitente, est grecque par sa nudité décente et par la beauté de son corps, que les austérités du repentir n'ont pas eu encore le temps d'exténuer. Le *Philopœmen* de David d'Angers est grec par ses proportions exactes et par la profonde science de la musculature que le sculpteur y a déployée ; si sa souffrance a quelque chose d'un peu violent, c'est que nos regards, habitués aux vives expressions de la peinture, veulent être plus fortement frappés que ceux des anciens. Le *Thésée, vainqueur du Centaure*, le chef-d'œuvre de M. Barye, jusqu'à présent du moins, est nu, calme et beau comme l'antique qu'il rappelle, avec quelque chose, dans le style, de personnel et de récent qui en renouvelle la conception. C'est ainsi que la sculpture n'est réellement chez elle et à son aise, même aujourd'hui, que dans le monde grec, ou tout au moins dans les conditions essentielles que l'art grec a déterminées.

Voilà ce que Simart avait, de bonne heure, profondément compris. Tout en fait foi, et ses envois de Rome, et son culte pour Phidias, et les œuvres nombreuses de son âge mûr. Disciple volontaire et plein d'amour de l'auteur du Jupiter Olympien, de la Minerve et des divinités du Parthénon, il avait emprunté à ce maître, qui lui paraissait digne d'être appelé divin, quelque chose de la largeur et de la solidité puissante de son modelé et de la noble gravité de son style. Elève d'Ingres et de Pradier, il a dû au premier la fermeté savante du dessin, au second l'art de communiquer au marbre les vivantes souplesses de la chair. Mais il n'avait trouvé qu'en lui-même cette fine intelligence qui saisissait dans chaque sujet l'idée essentielle, et cette sensibilité que ses amis aimaient tant et qui passa souvent de son cœur dans ses statues.

Grâce à ces qualités, les unes innées, les autres acquises, et sans cesse développées par le travail, il est parvenu à résoudre l'un des plus difficiles problèmes de l'art ; il a donné la beauté et soufflé la vie à l'allégorie, cette abstraite, froide et ingrate mythologie de la sculpture moderne.

*

C'est la destinée ordinaire des figures allégoriques de rester paisiblement inaperçues aux lieux où on les élève. La raison en est qu'en général elles ont peu de chose à nous dire, et que ce peu, qui nous intéresserait peut-être, elles ne nous le disent même pas. De là, à leur égard, pareille indifférence de la part de la foule et des connaisseurs. Il n'en sera pas de même de celles qui sont l'ouvrage de Simart. La foule pourra ne pas les voir à la hauteur ou dans les salles rarement ouvertes où elles sont placées, et, dans tous les cas, elle les appréciera peu ; mais les connaisseurs, et surtout les connaisseurs avertis, en feront certainement l'estime qu'elles méritent. On a de lui, à la bibliothèque du Sénat, deux statues, l'une de la Poésie, l'autre de la Philosophie. La Poésie, couronnée de lauriers et tenant une lyre, est d'un style élevé. Toutefois, elle est moins expressive, et, selon moi, moins attachante, que la *Philosophie*. Celle-ci est une grave jeune fille, sévèrement enveloppée dans les plis d'une draperie qu'elle retient de sa main gauche, tandis que sa main droite est ramenée par un geste expressif au-dessous de sa tête inclinée. D'une beauté originale, mais austère, les cheveux ondés et ceints d'une bandelette comme ceux du buste célèbre de Platon, l'œil à demi-voilé, la bouche sérieuse, elle est si manifestement abîmée dans la contemplation de l'invisible que l'auteur eût pu se dispenser de graver sur le socle qui la porte les deux mots sacramentels : γνῶθι σεαυτόν. Cette Philosophie est bien la sœur de la muse majestueuse et recueillie de la peinture qui, dans le grand salon du Louvre, réfléchit aux pieds du Poussin, et semble le soutenir en quelque sorte, comme pour dire, de là haut, à nos peintres, s'ils venaient à l'oublier, que, dans la patrie de Descartes, on n'est un grand artiste que si l'on a su chercher l'idéal par la pensée.

Simart excelle à rendre significatifs ces génies de pierre, ailés ou non, que l'architecture évoque pour donner une âme à ses monuments. Les deux colonnes de la barrière du Trône sont ornées, à leur base, de figures symboliques aux ailes étendues et les pieds appuyés à peine sur un globe. Celles qui regardent Paris et dont l'une est la Justice, l'autre l'Agriculture, sont de Simart. Chacune a sa physionomie caractérisée. La Justice se reconnaît non moins à son impassible visage qu'à son flambeau et à son glaive. L'Agriculture, au contraire, couronnée de pampres et les mains pleines d'épis, sourit à la grande ville affamée comme une jeune mère à son enfant. Si l'élévation des frontons du Louvre était moindre, si l'œil pouvait examiner de près celui de ces frontons qui représente le Réveil des arts, de l'industrie et du commerce, on verrait à quel degré Simart avait porté cette habileté singulière d'animer l'allégorie. Il y a là trois superbes jeunes femmes, la Peinture, la Sculpture et l'Architecture, qui sont groupées, modelées et drapées avec autant de science que de goût, et dont l'aspect est plein de charme. Leur beauté fraternelle, diverse et semblable à la fois, n'égale pas sans doute la suprême beauté des deux seules têtes qui nous soient restées des frontons du Parthénon, mais elle en approche ; quant à leur expression, aussi accentuée que le permet la sculpture et que le demandent nos habitudes, elle est harmonieusement répandue et apparaît sur leur visage, dans leur pose, dans leurs gestes, dans leurs mains surtout, et quelles mains ! M. Ingres les admire ; je le conçois ; elles sont dignes de son crayon.

Je retrouve les mêmes mérites, de composition simple et claire, d'agencement ingénieux et d'expression significative dans les bas-reliefs dont sont revêtues les parois circulaires de la crypte des Invalides. On y pourra reprendre un peu trop de symétrie, et ces groupes qui se correspondent toujours exactement des deux côtés de la figure centrale. Mais ce qu'on louera certainement, c'est le sens parfaitement intelligible de chaque scène. Ici, pendant que l'auteur du concordat rend à la Religion sa liberté, conciliée désormais avec les lois du pays, la Vendée apaisée remet son épée dans le fourreau ; mais, méfiante encore, elle ne l'y remet qu'à demi. Là, parmi la foule des talents et des mérites qui reçoivent tous une simple et même récompense, on voit un soldat qui, découvrant sa poitrine cicatrisée, tend fièrement la main, une rude et nerveuse main, vers la couronne de lauriers qui lui est due. Ailleurs, la nouvelle loi civile déchire sans colère, mais sans ménagement, le vieux grimoire du droit coutumier. Çà et là, la frise des Panathénées, imitée, mais librement, et non point servilement reproduite, prête ses formes sans date et purement humaines, à ces choses récentes que la sculpture ne doit habituellement représenter qu'avec la physionomie antique ; semblable à ces langues mortes qui sauvent le présent de l'oubli, en l'exprimant dans les inscriptions avec les mots et le style invariables du passé.

La verve et la flexibilité du talent de Simart, visibles dans toutes ses compositions officielles, paraissent avec plus d'évidence encore, parce qu'elles y sont tout à fait libres, dans la frise qui décore la salle peinte par M. Ingres au château de Dampierre, chez M. le duc de Luynes. On peut regarder longtemps ces tableaux variés et pleins de vie sans en épuiser le dramatique intérêt. Toujours à la manière des anciens, l'idée en est simple et sobrement rendue. Simart s'est bien gardé d'y entasser les figures et de tomber dans le piége de la sculpture pittoresque, où tant d'autres se sont pris. C'est naturel, pur et touchant. Chacune de ces scènes produit sur le spectateur une impression différente, et celle-là même que le sujet choisi doit exciter.

L'âge d'or est symbolisé par la Moisson et par les Vendanges. Le bas-relief de la Moisson exhale comme un suave parfum d'abondance, de bonheur et d'amour. En tête d'un rustique cortége, marchent, les bras enlacés, un jeune homme et sa fiancée. Le jeune homme parle à son amie en la regardant naïvement ; celle-ci l'écoute les yeux baissés, mais sans crainte et sans trouble. Après eux, une autre belle enfant seule, et, on le dirait, un peu triste. Puis deux taureaux trapus, poussés par un bouvier aux formes athlétiques et traînant sur un lourd chariot les gerbes entassées. A l'arrière du char, assise et les pieds pendants, une jeune mère tient son enfant endormi sur ses genoux. Un autre marmot, à la mine espiègle, et portant un nid d'oiseaux, suit le char avec son père. Le tableau est terminé par un groupe de moissonneurs qui boivent et se reposent. Plus animés, les personnages de la scène des Vendanges, leurs corbeilles pleines de raisins sur la tête, et précédés d'un joueur de lyre, forment des danses joyeuses. Quelques-uns cueillent sur un cep les dernières grappes. Un seul s'est laissé vaincre par le dieu ; mais son ivresse décente ressemble moins à l'ivresse qu'au sommeil. C'est Homère qui a inspiré à Simart ce morceau tout antique : « Des vierges et des jeunes gens aux fraîches pensées recueil-
« lent dans des corbeilles tressées le fruit délectable. Au milieu

« d'eux, un enfant tire de son luth les sons les plus suaves, et accompagne sa voix gracieuse du léger frémissement des cordes.
« Les vendangeurs frappent la terre en cadence, et battant du pied
« la mesure, répètent ses mélodies (1). »

C'est encore à Homère que Simart a demandé quelques-uns des motifs des deux épisodes de l'âge de fer, la guerre et l'esclavage. Mais, en suivant le poëte aussi bien qu'en se ressouvenant des frontons d'Egine, l'artiste a su être lui-même. A Homère, il a laissé la Discorde, le Désordre et la Destinée, abstractions qu'il est difficile de revêtir d'un corps et de rendre intéressantes. Aux combattants des frontons d'Egine, il a laissé un reste de roideur, leurs bouches démesurément fendues et les yeux stupides. Ne prenant aux anciens que le beau et y ajoutant ce pathétique dont il avait le secret, il a modelé deux bas-reliefs d'un effet saisissant. Le jeune guerrier blessé et mourant, au-dessus duquel se livre le combat principal ; la mère, qui fait un effort surhumain pour arracher sa fille à la brutalité des vainqueurs ; ce poteau où sont enchaînés un vieillard morne et une jeune femme désespérée, qui tord vainement son corps sans voiles, sont autant de scènes que l'on ne peut contempler sans émotion. En ce temps où l'on *illustre* tant de livres, dignes ou non de cet honneur, et où si peu de gens lisent Homère, un Homère illustré par Simart eût été une belle et précieuse chose. Le poëte eût inspiré l'artiste ; l'artiste eût conquis des lecteurs au poëte. Une telle traduction, nécessairement incomplète, n'eût été ni sans fidélité, ni sans éloquence. Simart y aurait peut-être pensé, s'il eût vécu. Le disciple de Phidias n'aurait pas trouvé au-dessous de lui de rendre populaire celui qui fut, au vrai, le maître de Phidias ; et par là il eût prouvé une fois de plus que le classique, quand il est mauvais, est mauvais non parce qu'il est classique, mais parce qu'il ne l'est pas assez.

Des frises du château de Dampierre, conçues et exécutés dans un esprit si intelligemment antique, il est naturel de passer à la Minerve du Parthénon, restituée par Simart aux frais et avec les conseils éclairés de M. le duc de Luynes.

---

(1) Iliade, chant XVIII ; bouclier d'Achille. Traduction de M. Giguet.

L'apparition de cette statue a soulevé toutes sortes de questions : les uns l'ont jugée du point de vue de l'art ; les autres l'ont examinée avec des yeux d'archéologues et de numismates. Le débat a même pris, un instant, les proportions d'une lutte scientifique ; ceux-ci ont été sévères, ceux-là injustes, d'autres seulement bienveillants ; la foule s'est arrêtée un instant, n'a pas compris, et a passé outre sans louer ni blâmer.

Est-ce à dire que la noble pensée de M. de Luynes et les efforts de Simart n'aient abouti qu'à un avortement ? En aucune sorte. Les difficultés étaient immenses, et l'on est tombé d'accord sur ce point que Simart était seul, entre tous, capable de les résoudre dans la mesure très-suffisante où elles ont été résolues. Ce n'est pas ici le lieu de poser à nouveau la question archéologique sur laquelle d'ailleurs de plus compétents que moi répandent en ce moment de nouvelles lumières (1). J'accorderai volontiers que les aigrettes du casque sont trop lourdes ; que le double quadrige au galop charge un peu trop la visière, et que la tête de Méduse que Simart avait, à dessein, faite horrible, était probablement belle sur l'égide du colosse de Phidias. Mais, ces concessions faites, je demanderai à mon tour : premièrement, si la Minerve de Simart est belle de cette ample et grave beauté que Phidias aimait ; secondement, si le visage, la personne, le costume et les accessoires de la Pallas restituée expriment bien, c'est-à-dire avec justesse et profondeur, l'idée religieuse et philosophique que symbolisait l'Athéné du Parthénon ?

A la première question, les critiques les plus autorisés répondent affirmativement : l'un reconnaît que la tête de la statue, au profil ferme et sévère, a bien l'expression de sérénité froide et de virginité dédaigneuse qui convient à la plus chaste divinité de l'Olympe (2) ; un autre, d'une grande expérience et qui sait être sévère à propos, se plaît à regarder la tête, dont l'expression calme et chaste est relevée par la pureté des formes (3). Ces appréciations m'ont confirmé dans mon opinion personnelle, qui est que ce visage d'ivoire est ma-

---

(1) V. *les Monnaies d'or d'Athènes*, par M. Beulé.
(2) M. Th. Gauthier : les *Beaux-arts en Europe*, 1re série, page 177.
(3) M. E.-J. Delécluze : les *Beaux-arts en* 1855, p. 348.

jestueusement beau, non point de cette beauté inerte à laquelle on inflige, dans les ateliers, la qualification d'*académique*, mais de cette vraie beauté qui est, quand elle s'anime, le plus parfait organe de l'âme après la parole.

Quand à la seconde question, presque personne n'y répond, parce que presque personne ne la pose, tant nous sommes peu instruits et peu curieux de la signification religieuse des statues grecques. Les mythologues modernes ont expliqué le sens très-complexe du mythe de Pallas-Athéné. Mais, bien longtemps avant eux, Platon en avait défini, en deux mots, l'idée fondamentale, telle que l'entendaient de son temps les esprits éclairés, ceux qui, comme Anaxagore et Socrate, essayaient, au péril de leur vie, de donner à la pensée religieuse la nette conscience d'elle-même. A ce moment, une révolution dès longtemps préparée s'opérait dans les croyances grecques. Les puissances élémentaires, personnifiées par les divinités de l'Olympe, devenaient, par le seul effort de la raison humaine, des puissances de plus en plus intellectuelles et morales. Les penseurs le comprenaient ainsi, et s'ils mettaient des précautions à le dire, ils le disaient cependant. Platon, entrant pleinement dans cette voie, traduit, dans son Cratyle, le nom d'Athéné par deux mots grecs qui signifient *la pensée* ou *l'intelligence du Dieu suprême*. Selon cette interprétation, plus profonde qu'elle n'affecte de l'être, Pallas était, à vrai dire, l'*intelligence divine*, et, comme déesse de l'éloquence, la parole qui exprime cette intelligence. Phidias avait pour ami le maître de Socrate ; c'était un artiste penseur qui visait à interpréter, dit la tradition, les religieuses intuitions d'Homère. Il est plus que probable que, pour lui comme pour Platon, Pallas était, avant tout, l'Intelligence divine. Il se devait à lui-même, il devait à son pays, il devait à sa conscience et à la dignité de son art, qui lui était chère, d'exprimer le sens plus élevé du mythe national ; mais la foule voulait autre chose. Pour elle, il donna à la statue des proportions colossales et la couvrit de métaux précieux ; pour elle, il fit Minerve belle au sens physique du mot ; pour les philosophes, il mit la pensée sur le front, dans les yeux et jusque sur les lèvres éloquentes de la déesse.

Simart s'était-il proposé de donner à sa Minerve ce caractère hautement intellectuel ? Je n'en ai pas la preuve positive. M. de Luynes saurait nous le dire ; mais, en attendant, je le crois volontiers, parce que la statue elle-même l'atteste. Cette tête n'est pas seulement forte, sévère et chaste : le front légèrement incliné, selon la tradition constatée par Winkelmann, et voilé à demi par l'ombre de la visière, le regard fixe de cet œil bleu qui plonge profondément dans l'espace, bien au delà des objets sensibles ; cette souveraine indifférence qui n'aperçoit plus rien, pas même les hommages de cette adorable Victoire battant des ailes et posée, comme un oiseau, sur la main belle et robuste d'Athéné ; tous ces traits expriment heureusement, à mon sens, la concentration puissante de la pensée. Que l'on n'ait pas assez remarqué à quel point cette physionomie est méditative, je le conçois : il nous faut, aujourd'hui, des bras qui agissent, des yeux qui pleurent de grosses larmes, des sourcils froncés, des bouches souriantes qui s'ouvrent pour laisser voir de belles dents. Que l'on n'ait pas vu combien ce grave et imposant visage répondait fidèlement au sens philosophique du mythe grec, je n'en suis pas surpris ; mais je n'en suis que plus porté à estimer l'artiste consciencieux et sincère qui, dans des conditions incomplètes et nécessairement défavorables, s'est efforcé de chercher la vérité, sans plus, au risque, prévu peut-être, de ne recueillir que quelques rares suffrages.

Quelques-uns ont demandé à quoi bon tant de frais et tant de peines pour une œuvre de difficile réussite et que si peu d'esprits devaient goûter. Avec ceux qui n'apprécient pas les divines inutilités de l'art, il n'y a pas à discuter. On sait bien où ce mot *à quoi bon ?* mènerait, à la fin, les arts et les lettres. Mais je tiens que l'œuvre de M. de Luynes et de Simart a été utile ; non-seulement elle nous a donné une idée des magnificences de l'art grec en son plus beau temps, mais elle a fait plus ; elle a rappelé à nos artistes que le plus grand sculpteur qui fût jamais mit sa gloire à exprimer ce qu'il y a de plus invisible au monde : la pure pensée divine.

Dans les combats représentés sur les deux faces du bouclier et sur la tranche des sandales, conformément aux indications des textes, on a remarqué la facilité surprenante avec laquelle Simart était parvenu à reproduire le style et les motifs de la sculpture grecque. L'exécution en est d'une verve si aisée et si franche qu'on les dirait tracés d'original. C'est moins une copie des hommes et des chevaux de la frise et des métopes du Parthénon que la nature grecque retrouvée par un pénétrant instinct à travers des images qui d'ailleurs l'idéalisaient, mais ne l'altéraient pas.

Le bas-relief du piédestal où, comme Phidias, l'artiste a figuré Pandore vêtue et parée par les dieux, a été plus admiré que le bouclier et que la statue elle-même. Et pourtant, tout n'y est pas à louer ; Simart y a répandu, du moins sur quelques personnages, une grâce un peu mignarde qui a séduit les amateurs de peinture et de sculpture *de genre*. Etait-ce un volontaire sacrifice fait à nos goûts actuels et comme une espèce de part du feu ? Je ne sais. Mais, ce qui doit l'absoudre, c'est que là même il n'a pas dépouillé ses habitudes sérieuses, et que le style grave et ferme l'emporte encore sur le style mou et fleuri. Le Jupiter assis a la majesté douce que lui attribuent la poésie et la sculpture ; le Mercure, accoudé sur son genou, est d'une élégante jeunesse ; l'Apollon, qui appuie sa main sur l'épaule de Vulcain, rappelle, par sa fière attitude, l'Apollon du Belvédère ; mais ses formes sont plus solides, sa poitrine plus virile et plus large, ses jambes et ses articulations plus fortes ; en un mot, il a de cette santé brillante que Phidias ne croyait pas indigne de ses dieux.

Les statues en ronde-bosse placées dans des niches ou disposées dans le champ des frontons, rapprochent la sculpture de l'architecture ; les bas-reliefs des métopes ou des frises unissent les deux arts ; les figures appelées Cariatides les confondent. La cariatide, en effet, n'est qu'une colonne ou un pilastre à forme humaine ; les pieds de la statue sont le socle de la colonne ; le corps en est le fût ; la tête, le chapiteau ; la corbeille, le tailloir. On conçoit que de tels corps, passés à l'état d'élément architectonique, ne doivent rien exprimer, si ce n'est la force inébranlable dans l'immobilité absolue. Ce serait un contre-sens que de mettre dans leurs membres du mouvement, ou de la passion sur leurs visages. Ainsi l'ont entendu les Grecs, nos maîtres en ce genre encore. J'ai pu admirer, sur place, le goût avec lequel ils ont modelé et posé les cariatides du Pandroséum d'Athènes. Les visages de ces belles femmes sont impassibles ; les plis de leur vêtement tombent droits, comme les cannelures d'une colonne dorique ; leurs bras sont, à dessein, coupés entre l'épaule et le coude. Ce sont bien des êtres vivants changés en pierre. Cependant, elles sont si merveilleusement constituées que, si un miracle les venait animer, on sent que la vie coulerait largement et librement en elles. Simart pensait à ces modèles accomplis quand il a exécuté les deux groupes de cariatides jumelles que l'on voit aux angles du pavillon du Louvre qui est vis-à-vis les Tuileries ; mais, là encore il n'a pas subi les procédés de l'art grec ; il les a faits siens. Les têtes, les bras, les mains entrelacées de ses cariatides sont magnifiques ; le type antique et pur de leur visage est quatre fois varié avec la plus exquise finesse ; leurs traits ne sont ni hébétés ni morts ; ils ne sont que froids. Les draperies du groupe de gauche sont à mille petits plis, comme celles des Parques du Parthénon ; celles, au contraire, du groupe de droite, sont à jets plus larges et plus hardis. Les unes et les autres dessinent, sous leur moelleux vêtement, des formes pures, jeunes et fermes de contour, à la façon de l'antique, mais un peu plus riches peut-être, selon le goût de la Renaissance. Un des maîtres actuels les plus illustres déclare n'avoir vu, après les cariatides grecques, rien de plus achevé. Regardées de près, elles sont aussi soignées et finies qu'elles sont belles de loin. Par malheur, c'est encore une de ces œuvres de première valeur auxquelles leur destination enlève la récompense d'un succès populaire ; mais le succès durable leur est acquis.

Ç'a été la dernière composition que Simart ait terminée. J'y ai insisté, parce que là, comme dans ses statues allégoriques, dans ses frises du château de Dampierre et dans sa Minerve, il a donné la vraie mesure de ses facultés les plus personnelles, c'est à dire le sentiment intime de la beauté sculpturale et le don de l'expression et du style. Toutefois, il a montré ces facultés dans d'autres œuvres encore, telles que sa Vierge avec Jésus enfant (1), ses médaillons du grand salon, au Louvre, ses médaillons de la musique, pour M. de Vandœuvres, sa petite Vénus, demi-nature, pour M. Marcotte-Genlis, et la grande statue de Napoléon Ier, qui accompagne le monument funèbre des Invalides.

---

(1) Aujourd'hui placée dans la cathédrale de Troyes.

Demeuré jeune et ardent jusque dans la maturité de l'âge, au sein d'une famille unie où tous les arts, heureusement cultivés, lui venaient en aide, tantôt pour le distraire, tantôt pour l'animer au travail, Simart a fait des progrès jusqu'au dernier jour. Modeste et simple, il écoutait les critiques et recevait les conseils avec la docilité d'un enfant. D'autres auront déployé une puissance plus saisissante ; aucun n'aura eu plus de science, plus de goût, plus de sensibilité. Sur son lit d'agonie, sa vive douleur était de ne pouvoir manier ses outils. Il veillait à ce que ses ébauches fussent soigneusement arrosées. Du médecin qui le martyrisait pour le sauver, il ne voyait que la belle tête qu'il eût bien désiré modeler, disait-il. Son œil presque éteint se ranimait pour étudier attentivement les plis du drap qui allait lui servir de linceul. Les suprêmes angoisses de la mort ont été adoucies, pour cette âme d'artiste, par les lumineuses visions du beau.

Paris, imp. de Paul Dupont, rue de Grenelle-Saint-Honoré, 45.

www.ingramcontent.com/pod-product-compliance
Lightning Source LLC
LaVergne TN
LVHW010317230826
846091LV00009B/3709

* 9 7 8 2 0 1 9 2 8 7 6 8 9 *